百角文库

陆上丝路百科

吴志远

中国少年儿童新闻出版总社
中国少年儿童出版社
北京

图书在版编目（CIP）数据

陆上丝路百科／吴志远 著．－－北京：中国少年儿童出版社，2024.1
（百角文库）
ISBN 978-7-5148-8397-8

Ⅰ．①陆…Ⅱ．①吴…Ⅲ．①丝绸之路－青少年读物Ⅳ．①K928.6-49

中国国家版本馆CIP数据核字(2023)第243291号

LUSHANG SILU BAIKE
（百角文库）

出版发行：中国少年儿童新闻出版总社 中国少年儿童出版社

执行出版人：马兴民

丛书策划：马兴民　缪 惟	美术编辑：徐经纬
丛书统筹：何强伟　李 橦	装帧设计：徐经纬
责任编辑：张 靖	标识设计：曹 凝
责任校对：夏明媛	封面图：杰米乔
责任印务：厉 静	

社　　址：北京市朝阳区建国门外大街丙12号	邮政编码：100022
编辑部：010-57526303	总 编 室：010-57526070
发 行 部：010-57526568	官方网址：www.ccppg.cn

印刷：河北宝昌佳彩印刷有限公司	
开本：787mm×1130mm　1/32	印张：3.5
版次：2024年1月第1版	印次：2024年1月第1次印刷
字数：40千字	印数：1-5000册
ISBN 978-7-5148-8397-8	定价：12.00元

图书出版质量投诉电话：010-57526069　　电子邮箱：cbzlts@ccppg.com.cn

序

  提供高品质的读物,服务中国少年儿童健康成长,始终是中国少年儿童出版社牢牢坚守的初心使命。当前,少年儿童的阅读环境和条件发生了重大变化。新中国成立以来,很长一个时期所存在的少年儿童"没书看""有钱买不到书"的矛盾已经彻底解决,作为出版的重要细分领域,少儿出版的种类、数量、质量得到了极大提升,每年以万计数的出版物令人目不暇接。中少人一直在思考,如何帮助少年儿童解决有限课外阅读时间里的选择烦恼?能否打造出一套对少年儿童健康成长具有基础性价值的书系?基于此,"百角文库"应运而生。

  多角度,是"百角文库"的基本定位。习近平总书记在北京育英学校考察时指出,教育的根本任务是立德树人,培养德智体美劳全面发展的社会主义建设者和接班人,并强调,学生的理想信念、道德品质、知识智力、身体和心理素质等各方面的培养缺一不可。这套丛书从100种起步,涵盖文学、科普、历史、人文等内容,涉及少年儿童健康成长的全部关键领域。面向未来,这个书系还是开放的,将根据读者需求不断丰富完善内容结构。在文本的选择上,我们充分挖掘社内"沉睡的""高品质的""经过读者检验的"出版资源，保证权威性、准确性，力争高水平的出版呈现。

通识读本，是"百角文库"的主打方向。相对前沿领域，一些应知应会知识，以及建立在这个基础上的基本素养，在少年儿童成长的过程中仍然具有不可或缺的价值。这套丛书根据少年儿童的阅读习惯、认知特点、接受方式等，通俗化地讲述相关知识，不以培养"小专家""小行家"为出版追求，而是把激发少年儿童的兴趣、养成正确的思考方法作为重要目标。《畅游数学花园》《有趣的动物语言》《好大的地球》《看得懂的宇宙》……从这些图书的名字中，我们可以直接感受到这套丛书的表达主旨。我想，无论是做人、做事、做学问，这套书都会为少年儿童的成长打下坚实的底色。

中少人还有一个梦——让中国大地上每个少年儿童都能读得上、读得起优质的图书。所以，在当前激烈的市场环境下，我们依然坚持低价位。

衷心祝愿"百角文库"得到少年儿童的喜爱，成为案头必备书，也热切期盼将来会有越来越多的人说"我是读着'百角文库'长大的"。

是为序。

马兴民

2023 年 12 月

目 录

1　丝绸之路沟通东西方

19　陆上丝绸之路有几条

34　驼铃悠悠丝绸路

56　繁盛的陆上丝绸之路

76　陆上丝绸之路的衰落

92　丝绸之路的伟大回归

丝绸之路沟通东西方

丝绸之路是一条横贯欧亚大陆、沟通东西方的交通道路。西方人最早对于中国的印象,就是盛产丝绸的神秘东方国度。中国的丝绸在大约公元前4世纪,也就是春秋战国时期开始传入欧洲,受到了各国贵族的青睐。丝绸制品因顺滑的质感和精美的图案使西方人为之倾倒,成为只有上流社会才能消费的奢侈品。丝绸的价格不断上涨,一度与黄金相等。中西方商贾争相贩卖,使得丝绸成为中国古代国际贸易之路上运销最远、价格最高、获利最丰的商品。丝绸之路也因此闻名于世。

千百年来，中西方商人们在这条路上往来频繁，将中国的丝绸、瓷器、茶叶等商品运往西方，带回汗血宝马、葡萄、石榴等中国没有的物产。在往来贸易的过程中，中国的辞赋、诗歌、绘画等文化符号向西方传播；西方的音乐、舞蹈等艺术形式也同时影响着中国。随着交流程度的加深，西方人在学习中国农耕、手工业技术的同时，中国人也在借鉴西方的天文、历法、医学等成果，中西方科技、文化也通过这条道路得以相互交融传播。虽然欧亚人民肤色各异、语言难通，但是他们都有着对于精神世界的追求。在文化交流的过程中，西方的宗教也逐渐流传至中国。佛教、伊斯兰教、基督教等西方宗教形式，结合本土的儒、道、巫等思想，逐渐发展成中国特有的民间信仰。可以说，丝绸之路不仅仅是一条商贸之路，还是一条沟通欧亚各国的文化之路、艺术之路、宗教之路。丝绸之路是世界上最早的国际贸易之路，中国也正是通过这条道路对世界产生了深远的影响。驼铃叮咚，是对丝绸之路的繁华最动人的赞叹；长河落日，是失落历史中最美丽的画卷。

一、美丽的丝绸之国

中国是世界上公认的最早织造丝绸的国家，传说其历史可以追溯到黄帝时代。最早教百姓养蚕缫（sāo）丝的人是黄帝的妻子嫘（léi）祖。

传说虽然不可尽信，却有一定的历史依据。据史料记载，黄帝和嫘祖生活的时代是新石器时代。根据考古发掘证实，我国养蚕缫丝的历史确实能追溯到新石器时代。在这一点上，传说和考古实物得到了互相印证，足以证明我国丝织历史的久远。河南荥（xíng）阳仰韶文化时期的青台遗址中，发现了蚕桑丝织物遗迹，浙江良渚（zhǔ）文化遗址中也发现了丝绸残迹。事实上，养蚕缫丝技术的发明并非嫘祖一个人的功劳，而是那个时代民众智慧的结晶。要知道，将野生蚕驯养成家蚕需要一个漫长的过程，在这个过程中的所有失败作品，都会成为养蚕缫丝技术逐渐成熟的宝贵经验。嫘祖的形象塑造，是母系社会逐渐向父系社会转变的象征。

中国自古便以丝绸闻名于世。古罗马时期，中国被称为"赛里斯"（Seres），意为"丝国"。

几千年来，丝绸都是中国对外贸易中最为重要的商品。尤其是在明清时期，丝绸、茶叶和瓷器成为中国对外贸易的重要商品。在东南亚和地中海地区，中国生产的丝绸甚至可以成为一般等价物，扮演了货币的角色。中国丝绸织造的历史十分久远，早在距今六千多年的新石器时代，中国人便开始了养蚕、取丝、织绸。到了商代，丝绸生产已经初具规模并具有较高的工艺水平，丝织匠人已能够制作较为复杂的织机并掌握了较高的织造工艺。商代甲骨文中有不少关于桑、蚕、丝、帛之类文字的记载，安阳殷墟出土的青铜器中也能见到与丝绸相似的细纹痕迹。

西周至战国时期，丝绸生产遍及全国，并逐渐形成临淄（今山东淄博，淄 zī）、陈留、襄邑（今河南睢县）等丝织中心，南方楚、越地区的丝织业也很发达。丝绸的花色品种也丰富起来，主要包括锦和绮（qǐ）。锦和绮的出现在中国丝绸史上具有里程碑式的意义，这些织造工艺将蚕丝的优良质地和古代美术结合起来,使得丝绸不仅是高贵的衣料,更是成为精致的艺术品。这一进步使得中国丝绸产品的文化内涵和工艺价值大大提升,深刻影响了后世丝绸工艺的发展。

到了秦汉时期,丝织业得到了充分的发展。随着汉代与周边地区的深入交流,丝绸的贸易输出达到了空前繁荣的地步。贸易的推动使得中原和边疆,汉代和周边邻邦的经济、文化交流进一步发展,从而形成了著名的"丝绸之路"。这条道路从长安(今陕西西安)出发,经甘肃、新疆一路向西,连通中亚、西亚各国,最终抵达欧洲。

魏晋南北朝时期的战乱与分裂割据,对黄河流域的经济造成严重破坏,但是这一时期国内的丝绸生产未见停滞。当时全国有19个州出产丝绸，蜀地出产的蜀锦是最受欢迎的品种。三国时期的诸葛亮曾说："今民困国虚，决敌之资，唯仰锦耳。"就是说丝绸已成为蜀国最重要的财政来源，其军费开支的大部分来源于销售蜀锦的收入，足以看出丝绸业在蜀国的经济支柱地位。两晋时，江南的丝织业发展尤为迅速，为后代江南丝绸生产领先全国奠定了基础。这一时期，丝绸在国家财政上的地位也更为重要，赋税征收均以绢帛作为标准，甚至将其作为货币进行流通。到了隋代，中国蚕桑、丝绸业的重心已经逐渐转移至长江流域。

唐朝以其开放、开明、强盛的特点闻名于世，而丝绸生产更是中国历史上的鼎盛时期。唐代丝绸的产量、质量和品种都达到了前所未有的水平。唐玄宗开元年间，全国有87个州、郡能够进行丝绸生产，其中丝织业水平居于首位的是中原地区。安史之乱后,北方经济濒临崩溃,民众大量南迁,江南丝织业因此得以快速发展,中国的经济重心进一步南移。丝绸的对外贸易也得以充分发展,不但丝绸之路的通道由原来的西北一条增加至西北、西南、海上三条,而且贸易的频繁程度空前高涨。丝绸的生产和贸易为唐代经济的繁荣、国际地位的提升作出了巨大的贡献。

两宋时期,随着桑蚕养殖技术的进步,中国丝绸产业一度十分辉煌。不但丝绸的花色品种有明显增加,出现了宋锦、饰金织物等独具特色的新品种,而且对蚕桑生产技术的总结和推广也取得了很大的突破。沈括《梦溪笔谈》、陈敷《农书》等著作均对该时期的桑蚕技术进行了总结。由于南北丝绸技术进一步交流,宋代丝绸的种类、产量和色泽都较前代有大幅度增加,并将丝绸中的上品——"绫"定为官服之用。而"织罗"在宋代更是大名鼎鼎,成为当时著名的织物。

元代由于官府把控严格,民间丝织业发展缓慢,持续了上千年的丝绸产业辉煌不再。明清时期是中国丝绸生产和贸易的黄金时期。由于桑树种植、蚕丝织造技术的进一步改进,丝绸的产量与日俱增。这时的丝绸已不是仅供富贵人家所用的奢侈品,商人、士子等普通民众也能消费得起了。丝织品一方面向精美华丽的锦、缎、绒发展;另一方面也注重实用性,向结实耐用方向发展。明代中后期,官营丝织业逐渐衰落,宫廷所需丝织品改由民间织户领织,或从市场上直接购买。民间丝织业因此迅猛发展,丝绸市场十分活跃。丝织品的市场规模逐渐扩大,出现了大型丝商和包买商,他们资金雄厚，富可敌国。明清两代丝绸生产的商品化日趋明显，丝绸的海外贸易空前繁荣。晚清故步自封的封建经济制度阻碍了生产力的发展，中国丝绸业在苛捐杂税和外国商品倾销的双重打击下黯然失色。

中华人民共和国成立后，丝绸业进入了一个新的历史时期。改革开放以来，中国又重新取得了在世界丝绸市场上的主导地位，丝绸业逐渐成为国家的创汇支柱产业。

二、丝绸之路名字的诞生

丝绸之路这个名称可谓家喻户晓，但其实它是一个舶来品。这个名称是由一个德国学者于19世纪70年代提出的，他的名字叫费迪南·冯·李希霍芬。李希霍芬于1868年9月至1872年5月到中国进行为期四年的考察，走遍了大半个中国。回到德国后，他发表了五卷带有地图的《中国——亲身旅行的成果和以之为根据的研究》。在这本书中，李希霍芬将公元前114年至公元127年近两个半世纪内开辟的，通过西域将中国与中亚以及印度连接起来的古代丝绸贸易道路命名为"Seidenstrassen"，英文名为The silk road。之后，丝绸之路一词在世界范围内被广泛使用。

此后，丝绸之路的名称逐渐被学界和大众所接受，成为使用频率最高的描述古代中西方贸易之路的名称。但是，历史上丝绸之路的概念与我们现在的概念有很大出入，丝绸之路的名称也在不断地变化。古丝绸之路共有三条通道，分别是西北通道、西南通道和海上通道。千百年来，这三条主要通道逐渐发展完备，共同组成了举世闻名的丝绸之路。

（一）西北通道

中原向西北通商的道路自古有之，但有文献明确记载的，则是汉武帝时张骞奉命出使西域所开通的道路。司马迁《史记·大宛列传》称其为"凿空"，意为打通前所未有的通往西域的道路。他认为，自张骞出使西域之后，才有了能够沟通中西的贸易通道。班固的《汉书》中，将张骞通西域开辟的出陇西、经匈奴、西至大宛（今费尔干纳盆地一带，宛 yuān）、康居（今哈萨克斯坦南部）、大月氏（今阿姆河北岸，氏 zhī）的中西交通道路，称为"西域道""外国道""空道"和"孔道"等。丝绸之路西北通道的历史由此而来，西北通道也是开辟最早、沿用时间最为久远的中西方贸易通道。

（二）西南通道

丝绸之路的西南通道由中原通向四川，经贵州、云南、西藏等地进入缅甸、越南、老挝、印度等东南亚、南亚国家。丝绸之路的西南通道大致在三国两晋时期逐渐形成，它沟通了中国与东南亚、南亚各国的经贸关系。

（三）海上通道

海上通道的形成时间相对晚于西北通道和西南通道，史籍对其记载多集中于宋代及以后。海上通道有东北向、东南向和西南向之分。海上通道的开辟使得丝绸之路的影响范围大大增加，中国因此得以与东亚、东南亚、南亚各国甚至非洲东海岸国家进行贸易交流。

千百年来，中西方的往来贸易与文化交流在这三条通道上持续进行着，但从未有人用丝绸之路的名称来称呼它们。直至李希霍芬的出现，才为这条沟通中西方贸易、促进古代文明交流融合的道路取了一个美丽的名字。

三、西方人眼中的丝绸之路

在西方人眼中，丝绸之路是一条神秘的、遍布财富的道路。西方人对于丝绸之路的认识，大致可以分为两个阶段。

（一）16世纪前的丝绸之路：通往神秘"丝国"的道路

在大航海时代到来之前，中西方的贸易、文化沟通基本上是通过丝绸之路完成的。16

世纪之前，西方人眼中的丝绸之路是能够通往神秘"丝国"，并且在贸易中获取财富的道路。西方人自古以来就对丝绸之路充满向往，他们眼中的丝绸之路就是财富的象征。古希腊史学家希罗多德生活在公元前5世纪，他的《历史》一书中最早出现了丝绸之路的踪迹。古罗马地理学家托勒密也曾记载过一条由马其顿帝国通往"赛里斯"（中国）的商贸之路。这是西方历史典籍中对丝绸之路最早的描述。

中世纪的欧洲战争频繁，丝绸之路的欧洲段一度萧条。这一时期从欧洲经过丝绸之路抵达中国的，不再仅仅是追求黄金与财富的商人，更增加了为信仰踏上征程的传教士。传教士们的见闻记录加深了西方人对中国的了解。

随着大航海时代的到来，欧洲人前往中国基本上通过更安全、更快捷的海路，陆上丝绸之路作为中西方交通要道的地位逐渐下降。这一时期前往中国的西方人,除了有贸易、传教的任务之外,往往还带着政治、军事目的。16世纪以后,伴随着"海上丝绸之路"的崛起,陆上丝绸之路进一步衰落,此时的欧洲文献中鲜见对于"丝绸之路"的描述。

(二)17世纪至20世纪中叶:扩张之路、贸易之路和文化霸权之路

17世纪后,西方人开始对中国传统"西域"地区进行科学考察,并逐渐由科考演变为对中国西北部的殖民掠夺。17世纪至18世纪的百年间,俄国人对丝绸之路沿线共进行了7次考察,直至19世纪之前,来到丝绸之路的俄国人对该地区的地理、动植物等情况进行了细致的考察,这对俄国人在欧亚大陆上进行大肆兼

并扩张有很大帮助。

19世纪下半叶,欧洲各国的科考探险队以"科学考察"为名,几乎踏遍了丝绸之路上的每一个角落。客观上来说,这种考察活动确实丰富了西方对亚洲地理知识的了解,同时也使欧洲人更加准确深入地了解了丝绸之路。但是我们必须要认清的是,此时西方列强对于丝绸之路的关注与研究,大多出于其扩张地盘、商业贸易的目的。

虽然17世纪以来的三百年间,欧洲人对于丝绸之路的探索与研究有其狭隘的目的性。但在之前的数千年中,西方人对于丝绸之路的印象都充满了浪漫与梦幻。在全球化的今天,丝绸之路更应该作为国际合作共赢的纽带,将世界经济与文化紧密联系在一起。2013年,习近平主席提出了建设"丝绸之路经济带"和"21

世纪海上丝绸之路"的远景蓝图。2017年5月，中国政府举办了首届"一带一路"国际合作高峰论坛。习近平主席关于"一带一路"的理论思想得到了更加清晰、完整的阐释。"一带一路"既不是"欧洲中心论"的产物，也不是限于经济交流的通商，而是实现战略对接、优势互补的国与国间深层次合作。对丝绸之路历史的掌握，能够帮助我们更好地了解这个世界。

陆上丝绸之路有几条

丝绸之路这个词从一出现,就被看作一条商旅往来不断的笔直大道,但实际上从来就不是这样的。根据一百多年来的考古发掘看,从来没有发现过一条具有明确标识、横跨欧亚的人为铺就的大道。也就是说,我们不能把丝绸之路看作一条明显的、有标志的、可量化的道路。我们主要关注陆上丝绸之路的发展情况。关于海上丝绸之路,我们将在其他地方进行叙述。

陆上丝绸之路其实是一系列变动不定的小路和无标识的足迹。因为没有清晰可见的路，旅人几乎总是需要向导引领，路上如果遇到障碍就会改变路线。"陆上丝绸之路"其实是一个时空概念，时间上基本定于两汉时期，空间上以西汉首都长安为起点，经甘肃、新疆到达中亚、西亚，连接地中海各国，包括南道、中道、北道三条路线。后来这条道路也被称为"西北丝绸之路"或"沙漠丝绸之路"，以区别日后另外两条冠以"南方丝绸之路"和"草原丝绸之路"名称的路线。这条路不仅仅是由中国商人、波斯商人、阿拉伯商人等共同建构的一个个货物集散地跟商路组成的巨大贸易网络，同时也是古代世界三大文明黄河—长江文明、印度河—恒河文明、地中海文明之间交流与对话的纽带。现在就让我们沿着这条古老的道路，从丝绸之路北道、中道、南道去见证它的历史，领略它的风采。

一、北道的兴衰

古丝绸之路从长安到欧洲，全长七千多公里，按其行走路线可分为东、中、西三段，东段从长安到河西走廊最西端的城市敦煌，中段由敦煌经阳关、玉门关至葱岭（今帕米尔高原），西段涉及的范围比较广，由葱岭至西亚、南亚、欧洲。由此我们也可以推断，欧亚大陆东西方之间的整个贸易商道是很难由一批商人全程走完的，而是分段分批进行，在各个阶段由当地不同的族群主导。以汉代为例，在最东端的是中国人，他们一直到达敦煌，或者更远到达葱岭；在最西端的是欧洲人，他们从罗马到安息

（今伊朗）；而从安息到长安，中间又是由众多族群的商人接力完成的。总体而言，在不同的时期，欧亚大陆东西方之间的文化与经济交往以沿线各族群"接力"的方式一直在进行着，逐渐成为维系东西方互动的一种历史传统。

丝绸之路从中段、西段开始，主要分为北道、中道、南道，放到现在也就是从新疆往西的路线分为三道。其中北道又被称为"新北道"和"西域北道"。为什么会这样称呼呢？一方面是因为这条道路开辟于西汉平帝元始年间（公元1—5年），起始时间上相对于中道和南道要晚一些；另一方面经过新疆北部，主要走天山北麓，在空间上相对另外两条路更靠北，故称为新北道。它是从伊吾（今新疆哈密）沿天山南麓西行到七角井，北穿天山到木垒；或自伊吾翻越松树塘大坂到蒲类海（今新疆巴里坤湖），再沿天山北麓西行到木垒、吉木萨尔、乌鲁木齐地区、伊犁，出国境后分为两支，一经钹汗（汉称大宛）、康国（今乌兹别克斯坦撒马尔罕）、安国（今乌兹别克斯坦布哈拉）至木鹿与中道会合再西行；一经怛罗斯（今哈萨克斯坦塔拉兹，怛dá），沿锡尔河向西北行，绕过咸海、里海北岸，抵君士坦丁堡（今土耳其伊斯坦布尔）。

北道的兴起有着诸多原因。当时的丝绸之路中道、南道皆需穿过罗布泊东北部的白龙堆和塔克拉玛干大沙漠，沿途条件恶劣，道路艰险，夏日酷暑难耐，冬日狂风呼啸。另外这条北道依傍着天山，有丰美的水草，景色秀丽，气候较适宜，进入伊犁河流域再往西，便是广阔的中亚了。这条道路既无沙漠瀚海的赤地千里，也无葱岭的山峰如刃，相比中道、南道有着其独特的优势。

"驼铃古道丝绸路,胡马犹闻唐汉风",北道经过战火纷飞的魏晋南北朝,到隋唐时期已经发展成为一条重要的商贸通道,成为古代中国与中亚、西亚最重要的交通路线。

隋唐时,中国重新统一并进一步扩大了西北疆域,团结并联合西北各民族,从而使丝绸之路北道有了稳定的发展。这条道路的使者相望于道,商旅不绝于途,北疆的战略和贸易枢纽地位也渐渐显现。唐太宗时期设立安西都护府,统辖安西四镇(碎叶、龟兹、于阗、疏勒),最大管辖范围曾一度包括天山南北,越过葱岭到达波斯(今伊朗)。公元702年,武则天设立北庭都护府,专门负责天山以北及巴尔喀什湖以东、以南的广大游牧地区,较长时间保证了西域的统一,有效保障了丝绸之路的畅通。

盛唐时期造就了丝绸之路北道的黄金时期。也就是在这个时期，中国的造纸术和雕版印刷术开始沿着丝绸之路向西传播，中国的文化和技术输出达到了历史的高峰。与中道、南道相比较，北道不仅缩短和减少东西方往来的距离与里程，并可摆脱翻越葱岭的艰险，尤其是不受波斯垄断丝绸之路的控制，从而使生产丝绸的中国和消费丝绸最多的欧洲直接进行来往。因而丝绸之路北道的繁荣是继汉代以来对外陆路交通发展的必然结果，也是整个陆上丝绸之路发展高峰的重要标志。

但盛极必衰，物极必反。"安史之乱"爆发后，西北边防空虚，唐朝政府失去了对西域的控制，吐蕃（bō）军队占据了西域的大部分地区，丝绸之路上局势混乱，通行困难。"诗圣"杜甫在一首诗中发出了"乘槎（chá）断消息，无处觅张骞"的哀叹。安史之乱不仅标志着唐代由盛转衰,同时也是陆上丝绸之路鼎盛时期的终结。

成吉思汗统一蒙古各部后建立大蒙古国,丝绸之路再次焕发了活力。据史书记载,1219年,成吉思汗率领大军西征时,蒙古骑兵一路挺进,进入西北重要城镇别失八里(今新疆吉木萨尔)境内的独山城时,发现这座地处北道咽喉要塞的空城一片荒芜,城内残垣断壁,空无一人,于是他派驻士兵留守独山城,重建此城。六年后,成吉思汗西征凯旋时,他惊讶地发现独山城已经人口众多,物产丰富,一派繁荣景象,着实欣慰无比。但随着大蒙古国的解体,元朝的分崩离析,独山城也毁于战事,丝绸之路再次走向衰败。此外海上丝绸之路繁盛以后,海路相比陆路更为便捷,并且丝绸的生产技术在当时已有其他国家掌握，丝绸不再是处在最顶端的商品，汉唐时期无比辉煌的古丝绸之路也渐渐走向了衰败。

二、最为繁荣的中道

西汉宣帝时，丝绸之路的路线多了一条天山以北的"北道"，而汉武帝时位于天山以南的"北道"，也因此变成了"中道"。隋唐时期的地理学家裴矩在其《西域图经》中对丝绸之路的中道有过这样一段记录："其中道从高昌、焉耆、龟兹、疏勒，渡葱岭，又经钹汗、苏勒萨那国、康国、曹国、何国、大小安国、穆国，至波斯，达于西海。"如果以现代的概念来说，是从哈密经吐鲁番盆地的交河故城，沿天山南麓和塔里木河向西到达喀什，经塔什库尔干出境,越过葱岭,再向西至吉尔吉斯斯坦等国的费尔干纳盆地,再与南道会合。当中,高昌、交河(今新疆吐鲁番)、轮台、龟兹(今新疆库车,qiū cí)、疏勒(今新疆喀什),是丝绸之路中道上的历史名城。

中道在西汉开辟的原因又有哪些呢?一方面汉初广袤(mào)的蒙古高原和北疆草原都是被匈奴控制的,在北疆设立路线通达西域是有难度的,西汉王朝虽然强大,但也不能打到匈奴的老巢,把匈奴完全赶出西域。又因为天山南麓的雪水灌溉产生了绿洲,孕育了西域三十六国,给了中道形成的绝佳条件。张骞"凿空"西域,连通西域诸国,开辟了这条繁盛的道路。

张骞开通西域后,历代中央王朝相继在西域地区设立行政管理机构,建立军事要塞,护卫着中华帝国及与域外的交往。由于此道水土丰沃，气候调和，又居于西域之中，中央政府往往将西域的行政中心设置于此，如汉代的西域都护府设于乌垒（轮台）、龟兹。唐代的安西都护府设于高昌、龟兹。唐代以安西都护为核心的"安西四镇"等一系列军政建制，是中央政府治理西域的重要举措，护佑着丝绸之路的往来熙攘。贞观十四年（公元640年），唐军打败高昌国，在交河设置安西都护府，管理西域地区的军政事务。贞观二十二年（公元648年），唐廷于龟兹、焉耆（yān qí）、于阗（今新疆和田，阗tián）、疏勒四城修筑城堡，对于保护中西丝绸之路交通、巩固西北边防起到了十分重要的作用。

丝绸之路中道从甘肃的玉门关出发，途经罗布泊到哈密。越过哈密，下一站就是历史名城高昌。中道再往西延伸，就是我们前面所提到的安西四镇中的龟兹、焉耆、疏勒三镇。

过了疏勒，就要出境了，然后越过葱岭向西行，中道又分两条支路，一条与南道会合，一条经过波斯与南道会合。岁月悠悠，丝绸之路中道很多古老的城市早已衰败，曾经的辉煌也都随风而去，留给后人的只有一段段回忆。

三、通向罗马的南道

正所谓"条条大路通罗马"，罗马城是曾经地跨欧亚非三洲的罗马帝国的政治、经济和文化中心，与汉朝的首都长安相隔六千多公里，中间隔着漫无边际的沙漠、冰雪覆盖的高山和偏僻的荒野，沿途还有强盗和野兽的袭击。那么，中国丝绸是如何运到欧洲的呢？正是这条西汉时期开辟的丝绸之路南道，各国商人历经千辛万苦，多地转运，丝绸才能传到如此之远。

在古希腊和古罗马人眼中，遥远的中国有一个好听的名字"丝国"，直译叫"赛里斯"，意思就是"丝国"或者"丝来的地方"。罗马帝国地跨欧亚非三洲，极为强大，政治上的统一、经济上的繁荣，使其文化、艺术、建筑等领域也都达到了一个繁荣的高峰。而彼时的东方则是中国历史上最为强大的王朝之一的汉朝，其疆土东临大海，西到帕米尔高原，南抵中南半岛，北达蒙古戈壁，它的政治、经济、文化、艺术同样灿烂夺目。虽然相隔遥远，但两个强大的帝国此时却有了交会，汉朝商人通过丝绸之路，辗转数个大大小小的国家，多方经手，将丝绸等物品出口到了当时被称为"大秦国"的古罗马。

丝绸之路的南道经河西走廊，出玉门关、阳关，沿着塔里木盆地南部，贴着昆仑山北麓，经过若羌、和田、叶城、莎车等诸绿洲，与北线会合，到达葱岭，再由葱岭西行，越过兴都库什山至阿富汗喀布尔后分两路，其中一线西行至赫拉特，与经蓝氏城（今阿富汗伐济腊巴德）而来的中道相会，再西行穿巴格达、大马士革，抵地中海东岸西顿或贝鲁特，最终由海路转至罗马；另一线从白沙瓦南下抵南亚。金发碧眼的西方人携带着猫眼石、龙涎香和象牙，穿过荒原戈壁，源源不断地来到中国；而汉朝的使团和商队则满载着丝绸、瓷器、铁器，携带着通行文书，络绎不绝地在沙海大漠中西行，足迹遍布西域三十六国……

南道是一条艰险之路，即便在通信和交通

十分发达的今天，要闯过罗布泊的漫漫沙海仍然是十分艰难的事情，因为其中没有确定的路面可循，更没有路标；再加上漫无人烟、无水源、无草木，旅行者随时都会陷入死亡陷阱。张骞、班超、甘英、玄奘等一代代仁人志士，他们以不怕艰险、勇于开拓的精神，支持着他们开辟了这么一条智慧之路、文明之路。

其实丝绸之路远不止这三条道路，它是一个庞大的交通网络。每个朝代的丝绸之路都是危险重重，没有明确的路线，没有政府的保护，甚至没有人烟。但无论各个王朝的对外政策如何变化，也无论哪个外族政权阻断了交通，总会有人选择探索、打通新的道路，联系上外面的世界。

驼铃悠悠丝绸路

公元前2世纪,伟大的丝绸之路开通,这是一条商品交流之路,也是一条文化交流之路。悠悠的驼铃声穿越千年古道,将人类的辛勤与勇敢,诚实与善良,源远流长地承接下来,体现了人类克服艰难险阻,探索未知领域的胆量和勇气,在推动东西方经济交流、文化交融、人类文明多样化方面发挥了重要作用。丝绸之路开通于西汉时期,是中国古代历史上的伟大壮举。其实早在汉代以前,中国与西域就有了联系。根据《山海经》《左传》《吕氏春秋》

等文献的记载，早在先秦时期，中国境内的蚕茧、漆器以及青铜器就流通到了西域地区。俄罗斯阿尔泰地区出土的公元前5世纪的墓葬中，发现了大量中国先秦物品。春秋战国时期，中亚地区与中原地区有大规模的丝织品贸易，这使得汉代"凿空"西域有了良好的基础。西汉王朝对西域的开拓与经营，虽然是为了保障国家安全而进行的政治考量，但客观上推动了华夏族与其他诸民族之间的相互吸引和交流，成为探索未知世界的伟大创举。丝绸之路上悠悠的驼铃声，成为这一时期中西交流中最亮丽的风景。我们将在这一章中认识汉代如何"凿空"西域，并认识在这条悠悠的丝绸之路上发生的重大历史事件。

一、大漠孤烟直

千百年来,无数的游牧民族、商人、传教士、外交家、冒险家和学者为实现自己的梦想与使命,纷纷踏上丝绸之路,穿越茫茫戈壁滩,在沙漠中留下了自己的印记。在传统的丝绸之路上,人们从中国古代的都城长安与洛阳出发,往西出阳关、玉门关,走天山南北两道,通过西域众多富饶的国家后抵达地中海,最终到达目的地罗马。在全程七千多公里的丝绸之路上,各地的环境变化明显,除了有"大漠孤烟直"的美丽景色外,还有着许多独特的自然景观。

丝绸之路所经过的地区主要是亚欧大陆的内陆地区。这一地区由于深居内陆,距离海洋遥远,再加上高原、山地地势较高阻挡了湿润气流的进入，导致本地区降水量少、气候干旱，形成了一望无垠的沙漠和茫茫的戈壁，如新疆的塔克拉玛干沙漠、里海东部的卡拉库姆沙漠、伊朗的卡维尔盐漠等。而且，在丝绸之路的中部，还有号称"万山之祖"的帕米尔高原。以帕米尔高原为中心，向四周延伸出喜马拉雅山、喀喇昆仑山、昆仑山、天山、兴都库什山等山脉，形成了一个巨大的山结。这些山脉的海拔一般在4000米以上，有的高峰终年积雪，有的峡谷常有冰雪覆盖，行走艰难。除此之外，在山脉之间形成了众多的盆地：在阿尔泰山与天山之间有准噶尔盆地；在天山、昆仑山和阿尔金山之间有塔里木盆地；在天山南坡有吐鲁番盆地等。山岭与盆地之间地势落差较大。这些特殊的自然地理，对于想要踏上丝绸之路的商旅们来说，无疑是一项挑战。

面对这些艰难险阻，在没有汽车与飞机的古代，商旅们是如何通过丝绸之路的呢？原来，他们选择了骆驼作为自己的交通工具。骆驼的胃中可以储存大量的水分，它背部隆起来像山峰状的部分储藏了大量脂肪，所以骆驼能忍受饥渴，善于载重远行。商旅们用驼队运输货物，他们避开风沙肆虐的季节出行，依靠太阳和星星辨别方向，在戈壁之中寻找着珍贵的泉水与井水，走过丝绸之路上的每一处绿洲、沙漠和道路，路途中充满着未知的困难与危险。商旅们时刻面临着生命危险，他们穿越茫茫沙漠，冒着风霜雨雪，最终艰难开辟出了这条伟大的丝绸之路，创造了人类文明史上的壮举。

也许有人要问，在丝绸之路上行走的商旅们尚且如此艰难，那么茫茫沙漠之中的国家是如何生存下来的呢？原来，在沙漠的边缘耸立着一座座雪山，从雪山上融化下来的水流由小及大、汇聚成河，形成了塔里木河。这条河流灌溉滋润了盆地周围的一片片绿洲，赋予了沙漠之中生机与活力。人们依靠绿洲生存发展，逐渐形成了富饶的西域诸国，也为东西方之间的友好往来提供了中转站。

西域地区是丝绸之路的重要组成部分，也是沟通东西方文明的桥梁。西域在狭义上指玉门关以西、葱岭以东的地区，从广义上指玉门关、阳关以西乃至中亚或更远的地方。

公元前2世纪初，游牧民族匈奴在蒙古草原上崛起。在冒顿（mò dú）单于（chán yú）的打击下，大月氏人被迫从敦煌与祁连山之间的草原地带西迁至伊犁河流域。之后，冒顿单于征服了西域诸国，在西域设置了"僮仆都尉"进行管辖。匈奴不仅掠夺西域地区的人口，索取西域的贡税,而且以此为据点,向西汉王朝发起进攻。于是,西域地区就成为匈奴军事上的据点和经济上的后盾。但是,西域诸国忍受不了匈奴的剥削与压榨,纷纷想要脱离匈奴的统治,建立自己的独立家园。

二、张骞凿空西域

公元前202年,刘邦建立了西汉王朝。西汉王朝自建立之初就面临着匈奴的威胁,加之秦末汉初战争的影响,国力较弱。公元前200年,汉高祖率兵讨伐叛降匈奴、祸乱边境的韩王信时,被冒顿单于率兵四十万包围在白登山(今山西大同)上,不得不靠贿赂冒顿单于的妻子阏氏(yān zhī)才得以脱困。此后数十年间,汉朝不得不采用屈辱的"和亲"方式以换取边疆的稳定，除送去宗室女子嫁给匈奴单于外，还要向匈奴缴纳大量的财富。即使如此，匈奴仍然屡犯汉朝边境，杀戮百姓，抢劫财物，极大地破坏了汉朝的稳定。经过汉文帝和汉景帝两位杰出君主的治理，汉朝改变了初期的贫弱国力，出现了著名的"文景之治"。到汉武帝即位之时，汉朝太仓的粮食"陈陈相因"，由于储藏太多并不用支取而发霉；京城国库里穿钱的绳子由于穿的钱过多，储存时间过长也都烂掉了；人们出行骑着高头大马，与汉高祖时期皇帝车驾无法找到四匹颜色一致的马相比，发生了巨大的变化。

面对匈奴日益频繁的侵扰，雄才大略的汉武帝准备对匈奴进行反击。汉武帝从投降过来的匈奴人口中得知，在西域地区原来居住着一个大月氏部落，他们遭受过匈奴人的攻击，被迫西迁。大月氏人对匈奴人恨之入骨，时刻想要回来报仇雪恨，只是因为自身的实力不够强大，所以愿望未能实现。汉武帝心想：大月氏在西边，而大汉在东边，如果两国能够东西夹击，那么一定能战胜匈奴，于是他下诏征求能人出使大月氏。诏书下了很久，终于有一个叫张骞（qiān）的年轻人前来应征，后来又陆续凑了一百多勇士。其中有一个归顺的匈奴人叫堂邑父，自愿充当张骞的向导和翻译。

公元前139年，在做好充分准备后，张骞奉汉武帝的命令出使西域，想要联合西域的国家共同抗击匈奴。他带着浩浩荡荡的队伍从长安出发，渡过黄河，进入浩瀚的沙漠。当时，河套地区是从长安前往西域的必经之地，而这一地区已被匈奴完全控制。张骞他们日夜兼程，弃大道择小路，想要回避剽悍的匈奴骑兵，但还是不幸被匈奴骑兵发现了。战斗中，张骞一行人寡不敌众，死的死，伤的伤，活下来的都当了俘虏。张骞和堂邑父被软禁在草原上放牧牛羊，一举一动都受人暗中监视。牧草由绿变黄，又由黄变绿；雁阵向南飞去，又从南方飞回，一转眼就是十一年过去了。匈奴单于为了拉拢张骞，打消其出使大月氏的念头，进行了种种威逼利诱，还给他娶了匈奴的女子为妻，生了孩子，但他始终没有忘记汉武帝交给自己的神圣使命，没有动摇过为汉朝出使大月氏的意志和决心。张骞学会了匈奴话，和匈奴人融洽相处；同时默记地形、道路、牧场、沙漠、泉水、水井的分布情况。他耐心地、不露声色地等待着，准备着，终于等到了一个机会，他们在一个黑夜里逃走了。张骞等人马不停蹄，专拣人迹罕至的荒原前进。他们忍受着炎热和干渴的煎熬,穿过沙漠戈壁,翻过帕米尔高原白雪皑皑的山岭,终于到达了富饶的西域各国。

在留居匈奴期间,西域的形势又发生了变化。大月氏的敌国乌孙在匈奴的支持和唆使下西攻大月氏。大月氏人被迫从伊犁河流域继续西迁,进入中亚的阿姆河流域。大月氏人征服了大夏,在新的土地上另建家园。

张骞等人一路向西,没有找到大月氏国,却进入一个叫大宛的国家。大宛国王早就听说东方有一个富饶强大的国家,十分仰慕与向往,很想与汉朝通使往来,但苦于匈奴的从中阻碍,所以未能实现。听说汉朝派遣的使者到了,国王十分高兴并热情款待。张骞向大宛国王说明了自己出使大月氏的使命和沿途种种遭遇,希望大宛能派人护送,并表示如果今后能返回汉朝,一定禀明汉朝皇帝重重酬谢大宛。大宛国王答应了张骞的要求，派人护送张骞等人到康居，又通过康居转送到大月氏。当张骞向大月氏提出联合攻打匈奴的建议时，大月氏人已无意向匈奴复仇了。原来自从大月氏到了阿姆河流域后，不仅用武力征服了大夏，而且由于新的家园土地肥沃，水草丰美，人们安居乐业，早已忘记了和匈奴的仇恨，因此无意东归。张骞等人在大月氏逗留了一年多，始终未能说服大月氏人与汉朝联盟，只好起身回国。回来时不幸又被匈奴扣留了一年多，后来趁匈奴发生内乱，张骞带着自己的匈奴妻子和堂邑父一起逃回长安。公元前126年，离别家乡十三年的张骞终于返回了长安，他出使时率领一百多人，回来时只有他自己和堂邑父二人。张骞虽然没有完成任务，可他沿途了解到西域各国的风土人情与地方特产，大大开阔了汉朝人的眼界，为汉朝开辟通往中亚的交通要道提供了宝贵的资料。汉武帝对张骞这次出使西域的成果非常满意，特封张骞为"博望侯"，授堂邑父为"奉使君"，以表彰他们的功绩。

公元前119年，汉朝军队收复了河西走廊，将匈奴赶到大漠以北。这一年，汉武帝为了联合乌孙共同对抗匈奴，任命张骞为中郎将第二次出使西域。张骞率领三百多壮士组成的使团，带着一万多头牛羊和黄金、丝绸，浩浩荡荡地向西域进发。张骞到达乌孙时，乌孙正好发生内乱，无意东归。虽然没有完成预定的目标，但张骞的副使分别访问了西域的大宛、康居、大月氏等国，给予他们丰厚的礼物，并表示汉朝愿意和他们进行友好交往，成为好朋友。乌孙还派遣数十名使者前往长安，携带礼物以答谢汉朝。汉武帝对中原与西域之间的友好往来非常高兴。又过了一年，张骞因病去世。张骞是汉朝开辟西域交通的第一个使者，他勇敢、坚忍的优秀品质为后人所传颂。

张骞凿通西域，在中国历史上具有非常深远的意义。西域交通通畅后，中原地区和西域乃至更远地区之间的经济、文化联系日益密切。中原地区的先进技术不断传入西域，如中原的井渠法对西域的影响很大，形成了坎儿井；丝织品和漆器等精美的手工艺品也大量销往西域。同时，西域的葡萄、石榴、苜蓿（mù xu）、胡瓜（黄瓜）、胡麻、胡桃（核桃）等植物也陆续移植东土；西域的宝马和各种奇珍异兽也传入中原地区，丰富了中原百姓的经济文化生活。张骞凿通西域使汉朝与西域建立了友好关系，而且确保了这一地区的和平安定，为后来西汉政府正式管辖西域奠定了基础。

三、班超再通西域

经过西汉王朝的长期经营,至汉宣帝时期,西域诸国已经臣服于汉朝。公元前60年,汉朝设立西域都护府,正式确立了对西域的统治。但是在王莽新朝及随后的一段时间里,中国陷入了改朝换代的大混战之中。经过战争,东汉王朝建立。这时的东汉人口锐减,实力衰弱,因此无力顾及西域,西域就像断了线的风筝一样离东汉越来越远。西域各国眼看无法依靠东汉,便纷纷投靠了匈奴。后来,匈奴因为连年干旱和内乱不断,分裂成了南北两部,南匈奴归附于东汉,北匈奴仍旧继续作乱,控制着西域地区。公元73年,随着国家实力的恢复,汉明帝对北匈奴发起攻击,大将窦固深入天山,在伊吾进行屯田，并派遣他的一位部将班超出使西域。

班超是著名历史学家班彪的儿子。他的哥哥班固、妹妹班昭也是著名史学家，共同完成了《汉书》，这是中国第一部纪传体断代史，可以说班超全家都是了不起的人物。公元62年，班固被招进京城任校书郎，班超和他的母亲也一同前往。因为家里穷，班超常常为官府抄写文书以谋生糊口，这项工作非常辛苦。有一天，班超停下手中的工作，将笔扔在一旁叹息道："我身为大丈夫，尽管没有什么突出的计谋才略，也应该像傅介子（西汉外交家，曾斩杀匈奴使者和楼兰王）和张骞一样，在西域建功立业来封侯晋爵，怎么能在抄书中浪费自己的生命呢？"这就是"投笔从戎"这个成语的由来。等到窦固出兵攻打北匈奴的时候，班超随军出征，在军中任假司马（代理司马）之职。班超在军旅中展现了非凡的才能，他率兵进攻伊吾，在蒲类海与北匈奴交战，战功卓著。窦固见班超很有才能，于是派他出使西域，以联合各国脱离匈奴，亲近东汉。于是，班超带领他的随从三十六人就出发了。

班超首先抵达鄯善国（今新疆若羌）。刚开始，鄯善王对班超等人表示热烈欢迎，礼节非常周到。但不久之后，鄯善王的态度突然怠慢下来。这一现象引起了班超的警觉，于是他诈问招待的侍从："我知道北匈奴的使者来了好些天了，他们现在住在哪里？"这个侍从一害怕，就将实情全都说出来了。班超召集全体部属研究对策。大家说："我们现在处于危急存亡的关头，是生是死，就由您来决定吧。"班超说："不入虎穴，焉得虎子。我们现在只有一条路，今晚趁夜用火攻击匈奴使团，把他们全部消灭，这样可以使鄯善国得罪匈奴，只能依靠我大汉。"于是，他们当晚奇袭匈奴营帐，把匈奴使者全都烧死了。鄯善王知道这件事后大惊失色，表示愿意臣服东汉，并把自己的王子送到东汉作为人质。后来，人们用"不入虎穴，焉得虎子"来比喻不经历艰险，就不能取得成功。

之后，班超等人继续出使于阗。当时的于阗王广德刚刚攻破莎车，称雄天山南道，而且有北匈奴的使者驻扎在于阗。班超到达后，于阗王的态度颇为冷淡，而且他的巫师跟匈奴使者勾结，装神弄鬼地说："天神发怒了，你们为什么想去归顺汉朝？汉使有一匹好马，你们赶快把它弄来给我祭祀天神！"于是，于阗王派人向班超索要那匹马。班超满口答应，但要求巫师亲自把马牵走。不一会儿巫师到来，班超立即砍下他的脑袋，亲自去送给广德。于阗王大为惶恐，随即杀掉北匈奴的使者，向东汉归降。

班超出使西域所获得的一连串成功使北匈奴大为恼怒。公元75年，北匈奴大举反攻，并在同盟国焉耆、龟兹等国的帮助下重挫东汉军队。公元76年，为了保存实力，刚刚即位的汉章帝下令放弃西域，诏命远在疏勒国的班超回国。班超临走时，疏勒全国恐慌，一位大将说："汉朝使者如果离开我们，我们必将再次沦为龟兹的奴隶。我实在不忍心看到汉使离去。"说罢便拔刀自刎。班超返回经过于阗时，于阗国王失声痛哭，抱住马腿不放说："我们依靠汉朝，就跟婴儿依靠父母一样，使者千万不能走啊。"班超深感壮志未酬，决定抗命留下，返回疏勒国。之后，东汉朝廷许可了班超的行为并给予支持。在班超艰苦卓绝的努力下，西域的五十多个国家都归附了东汉。公元94年，班超终于平定了西域，实现了立功西域的理想。朝廷为了表彰班超的功勋，下诏封他为定远侯，食邑千户，后人称之为"班定远"。

公元97年，班超听说世界的最西边有一个国家名叫大秦。至于大秦在哪儿、是何模样却没人知道。班超非常想去看一看这天尽头的国家到底是什么样子，但此时的他已经六十六岁，没有精力再远行了。于是班超派遣他的部将甘英出使大秦。甘英经过长途跋涉终于到达了西海（今波斯湾）沿岸，他只要乘船渡过面前这片不大的海域就可以到达目的地。这时候，安息商人对他说："这片海域很大，要渡海的话，顺风需要三个月，逆风的话漂两年都说不准，往来这海域的人要准备三年的粮食。而且，海中还有女妖，她会发出诱人的歌声促使船只触礁沉没。"甘英考虑再三，决定放弃前往大秦，返回了西域。许多后人感叹，甘英的无能使汉朝和罗马两大帝国的相会失之交臂。但就当时的形势来看，除非班超亲临，张骞再世，否则没有大勇气和大志向的人，根本不可能完成这一贯通中西的壮举。

公元100年，班超已经年近七旬了，他上书朝廷请求返回，于是汉和帝召班超回朝。公元102年，班超回到洛阳，之后不久就逝世了，享年七十一岁。班超死后，他的儿子班勇进驻西域，继续保障西域地区的和平安定。

班超出使西域三十一年，恢复了东汉王朝对西域的统治和东西方之间的交通，使得中原与西域地区的经济文化交流得以继续进行。班超凭着个人在外交、军事、政治上的卓越才能及坚强意志，在拥有强大军事实力的东汉王朝和希望摆脱匈奴压迫的西域各国的支持下，取得了出使西域的成功。"平生慷慨班都护，万里间关马伏波。"在孙中山先生写给蔡锷将军的挽联中，以班超和马援这两个历史名将做比喻来形容蔡锷将军的热诚爱国。马援是东汉开国功臣之一，因功累官至伏波将军，老当益壮，马革裹尸，被人尊称为"马伏波"。班超出使西域，曾经当过西域都护，因此被称为"班都护"。班超的英勇事迹千百年来为人们所传颂。

繁盛的陆上丝绸之路

唐代是我国又一个繁荣强盛的以汉民族为主体的帝国,也是陆上丝绸之路最为繁盛的时期。唐代的兴盛,使得陆上丝绸之路发展到了顶峰。

陆上丝绸之路在唐代延续前代,横跨整个欧亚大陆,并在前代的基础上有所开拓。其中最重要的,是恢复并疏通了南北朝以来由于战乱而被破坏的部分陆上丝绸之路,天山北麓的一段也被恢复和开通。唐代的丝绸之路是从京城长安出发,经过关陇地区和河西走廊,也有一部分经过宁夏和青海地区进入新疆,并经过天山南北到达中亚地区。在进入中亚地区后,陆上丝绸之路发生变化,一路继续向西进入今西亚地区,一路折向西北进入欧洲地区。由于唐代东西方经济、思想和文化交流出现高潮,丝绸之路呈现出了无比繁荣的局面,成为汉代以来陆上丝绸之路的又一个高峰。

一、春风吹过玉门关

西汉"丝绸之路"形成后,越来越多的商旅、僧人、使者经由此路往来各国,中西方文化交流不断增多。但是东汉末年以后,天下三分,社会动荡不安,"丝绸之路"也在一定程度上受到影响。西晋时期中国实现了统一,但也只是短暂的"昙花一现"。"永嘉南渡"后，晋朝王室在南方建立东晋政权，失去了对北方的有效统治，各个游牧民族趁机南下，纷纷建立政权，出现"五胡乱华"的局面，北方由此陷入割据混战的状态。从东汉末年到魏晋南北朝将近四百年的时间里，中国一直饱受战争、民族纷争、自然灾害的侵扰，经济停滞，发展缓慢，国力下降。丝绸之路在缺乏强有力政权保护的情况下，被突厥、吐谷（yù）浑等少数民族政权相继占据，时有时断，一直未能有较大的发展。直到唐朝，随着大一统政权的建立，政府不断加强对西域的开发和治理，丝绸之路日渐繁荣。

唐朝建立之初，西域大部分地区被西突厥控制。突厥是六七世纪活跃于中亚和蒙古地区的游牧民族的统称，公元552年，以漠北为中心建立突厥汗国。隋朝时期，突厥汗国以阿尔泰山为界，分裂成东突厥和西突厥两部。公元630年，唐太宗命李靖率领十万大军进攻东突厥，取得胜利，将其原有领地纳入自己的版图，并在伊吾设立伊州，葱岭以东的西域小国如高昌、焉耆、疏勒等也纷纷向唐朝表示归顺。公元640年，已经降服的高昌国又依附西突厥与唐朝对抗，唐军迅速出兵平定，改高昌为西州，改浮图城为庭州（今新疆吉木萨尔），同年设立安西都护府于西州，加强对西域地区的管理和控制；公元647年，唐军击败西突厥，并在龟兹、焉耆、于阗、疏勒修筑城堡，建立军镇，史称"安西四镇"，由安西都护府统辖，同时安西都护府迁到龟兹，以加强对天山南部和葱岭以西广大地区的管辖。公元702年，武则天在庭州设立北庭都护府。至此，经过一系列的军事行动以及行政建制，唐朝在今新疆及中亚大部分地区的统治地位基本确立。有了强大的军事政治实力做保障，唐朝的丝绸之路更加畅通无阻。

唐朝在加强西北地区军事建设的同时，还不忘发展当地经济。例如在天山南北广大地区开展屯田活动，让军队一边打仗一边种地，这样不仅可以保证军队自给自足，还可以推动当地的农业发展。此外，我们都知道，西北地区属于干旱半干旱地区，水资源缺乏，为了保证农业的发展，唐朝政府利用天山雪水，大力发展灌溉系统，同时为了保证水资源的合理利用，设立机构专门负责水资源的分配。除此之外，唐朝政府还以军镇为中心，修建了许多道路和驿站，为商业的发展提供便利。西北地区经济的发展为唐代丝绸之路的繁荣奠定了坚实的物质基础。

丝绸之路的繁荣还离不开唐朝开放包容的民族政策。唐朝统治者改变以往"贵中华，贱夷狄"的传统思想，对少数民族以及西方文化采取尊重、友好的态度。在中央允许突厥、鲜卑等少数民族的人担任重要官职；边境军队中也不乏少数民族的身影；在西北少数民族聚居区，唐朝政府还采取"羁縻（jī mí）统治"的方法，任命当地的少数民族酋长担任都督或刺史，允许他们按照本民族的习俗进行统治，受到当地人民的热烈欢迎，唐太宗也因此被西北各少数民族尊称为"天可汗"。开放包容的民族政策使越来越多的胡商、僧人等拥入长安、洛阳等内地城市，同时汉族人民的足迹也遍布天山南北，民族融合达到顶峰。

从长安以西到波斯以东，商旅络绎不绝。

西域各种香料、皮毛以及奇异珍宝大量涌入长安、洛阳及中原的其他城市，同时内地的丝绸、茶叶等也源源不断地远销西域以及其他地区。此外，越来越多的商业城镇如同雨后春笋般涌现，例如庭州、碎叶（今吉尔吉斯托克马克）、热海（今吉尔吉斯伊塞克湖）等等，据说唐代大诗人李白就出生在碎叶。这些城镇不仅居民人数众多，商业机遇也很多。繁荣的丝绸之路使西北地区充满勃勃生机。

二、造纸印刷术改变世界

我们都知道，中国古代四大发明分别是：造纸术、印刷术、指南针和火药，其中造纸术便是在唐代经由丝绸之路传播到西方的，雕版印刷术也是在唐代产生、发展进而传向世界各地，两者的发明和传播都对世界产生了深远的影响。

中国是最早发明纸的国家，西汉时期就已经出现了麻制的纤维纸。丝绸之路形成后，中国的纸张传入西域、中亚一带。随着近些年考古工作的不断展开，这些都得到了实物证实。但是当时的纸与现代的纸有很大差别。当时的纸主要是用绢、麻制造，不仅质地粗糙，成本也非常高，普通人很难承受，所以只有少数上层贵族以及官员才有机会使用。当时主要的书写载体是竹简和木牍，具体的使用方法是：先用刀把成段的竹子或木头削成竹片或者木片，然后在上面刻字，用绳子将它们穿起来之后就成了"简牍"，是早期的书籍形式之一。东汉和帝时期，有个叫蔡伦的宦官出现，他觉得用简牍做书写材料，不仅写起来十分费劲儿，携带起来也十分不便，于是便想法儿来改进造纸的技术。他通过观察发现，树皮、旧绳、破布、渔网等较为廉价易得的东西经过浸泡晾晒腐烂后，残留下的纤维有点类似绢麻，很适合造纸，于是他把这些东西作为原料进行造纸。经过反复的尝试和实验，最后终于通过原料分离、打浆、抄造以及干燥四道基本步骤，成功制造出价格更加低廉，质量更加精美的纸张。他将纸献给当时的汉和帝，皇帝用了之后非常满意，于是下令将这一技术推广到全国各地。从此纸张开始被大量生产和广泛使用。人们为了纪念他，将用这种技艺造出来的纸称为"蔡侯纸"。此后，随着造纸技术的不断提高，造纸的原料来源更加广泛，成本进一步降低，纸质也不断提高。但是，无论技术怎样改进，都没有超出蔡伦造纸术所确定的基本工艺步骤。即便是现在的造纸术，其生产步骤也与蔡伦的造纸术没有本质区别。所以蔡伦本人也被奉为"造纸鼻祖""纸神"。

蔡伦的造纸术产生之后，主要沿着东、西两个方向传向世界各地。首先是东方，大约在公元4世纪末，中国的造纸术传入朝鲜半岛，并由朝鲜半岛传入日本。然后是西方，由于地理以及文化差异等因素，造纸术在西方的传播相对缓慢。公元751年，丝绸之路两端最强大的两大帝国：大唐帝国与阿拉伯帝国在怛罗斯附近爆发一次军事冲突，史称怛罗斯之战。根据史书的记载，唐朝在这场战争中起初取得小胜，但是后来由于葛逻禄的临阵倒戈，最终被阿拉伯帝国击败，大量的士兵以及能工巧匠被当作俘虏带回到撒马尔罕，其中就包括一批造纸工匠，造纸术因此传入中亚。公元793年，巴格达出现了第一个造纸厂。造纸术于公元10世纪左右传入埃及；11世纪开始由阿拉伯人逐渐传入欧洲；13世纪传入印度，最后遍布世界各地。

那么造纸术的传播对世界文明有什么影响呢？我们先来看看中国的造纸术传入之前，其他地方都是用什么来作为书写工具的。在埃及以及两河流域，最常使用的书写载体是莎（suō）草纸。莎草纸是古埃及人发明的，用盛产于尼罗河三角洲的纸莎草的茎制作而成，这种"纸"不易保存；欧洲地区最常使用的除了莎草纸之外就是羊皮纸。羊皮纸是用小羊皮做的纸，事实上也不限于羊，也有牛及其他动物的皮，但是以羊皮为主。羊皮纸纸面光滑，两面都可以书写，保存时间长，但是它的成本非常高，光是抄写一部《圣经》就需要三百多张羊皮。中国造纸术传入以后，越来越多的人才有机会接触到知识，因此中国造纸术的传播为世界各地的文明发展作出了巨大贡献。美国当代学者麦克·哈特甚至将蔡伦排在"影响人类历史进程的100名人"中的第七名。

与造纸术相比，雕版印刷术的产生时间相对较晚。目前史学界较为普遍的看法是，雕版印刷术产生于公元7世纪左右的隋末唐初，到晚唐时期趋于成熟。20世纪出土于敦煌的唐代《金刚经》是世界上现存最早的雕版印刷品，其字体规整、布局合理、字迹清晰，卷尾刻有"咸通九年四月十五日"的字样，可见当时的雕版印刷术已经非常精湛了。

雕版印刷术产生之后，很快就被传到了周边国家。1966年，韩国庆州的佛国寺出土了一件武则天时期的汉字印刷品《无垢净光大陀罗尼经》,说明雕版印刷术在唐朝中期就已经传入朝鲜半岛。雕版印刷术虽然对文化的传播起到了重大作用,但是也存在刻版费时费工费料、大批书版存放不便、有错字不容易更正等缺点。北宋庆历年间(公元1041—1048年),毕昇发明了泥活字,标志着活字印刷术的诞生。活字印刷术的发明是印刷史上一次伟大的技术革命。三百多年后,15世纪左右,德意志发明家约翰内斯·谷腾堡在借鉴中国活字印刷术的基础上发明了西方的活字印刷术,从而推动西方印刷术的蓬勃发展。

造纸术与印刷术一经结合,就迸发出巨大威力,大量的书籍被成批印刷,欧洲人有了更多的读书和受教育的机会,从而推动了文艺复兴运动的发展。先进的西方文明又借助造纸术和印刷术传遍世界各地,推动整个人类文明的进步。

三、法显、玄奘的取经之路

在丝绸之路上有这样一群人：他们手无寸铁，身无分文，却勇于孤身穿越人迹罕至的戈壁沙漠，跨过巍峨耸立的雪山，他们不为钱财，不为名利，只为了心中不灭的信仰，法显和玄奘就是其中的代表。

法显出生在平阳郡武阳县（今山西临汾）的一个贫苦家庭。三岁那年，他的三个哥哥先后夭折，父母为了让他健康平安地长大，把他送入寺院，从此与佛法结缘。他生活的东晋时期是一个群雄割据的时代，战争使大地变得满目疮痍，人们痛苦不堪却又无能为力，只能将希望寄托在神灵身上。强调因果报应以及来世幸福的佛教顺应时代的需要，逐渐兴盛起来。然而佛教的兴盛在为法显这样的贫苦之人带来更多庇佑的同时，却又因为戒律不全导致越来越多的佛教徒行为无法可循，甚至被歹人利用去做一些不法之事。法显在经过几十年的修行和探索后，认为在当时的中原大地已经找不到能够完善佛教戒律清规的典籍，只有到佛祖的诞生地——天竺（今印度，竺 zhú）才有可能找到，于是他决定亲自到西天取经。公元399年，已经65岁高龄的法显与慧景、慧应等人结伴从长安出发，沿着丝绸之路开始了天竺之行。他们先是西出阳关，穿过上无飞鸟、下无走兽，只能依靠枯骨辨认路途的八百里沙漠，然后经过鄯善、焉耆、于阗等西域小国，翻越艰险陡峭的葱岭，跨过印度河，最终到达天竺。此时，与他同行的伙伴不是中途放弃就是死在了路上，只剩下法显和道整两人。他们来到中天竺（古印度分为东西南北中五部分，称五天竺。）最大的城市巴连弗邑（又名华氏城，今印度巴特那），在这里学习梵语,抄写搜集戒律,待了三年。道整留恋当地的生活不愿再返回故土，但是法显却始终把将原始戒律带回中原地区作为自己人生最大的责任，东归的意念毫不动摇。但是此时的他已经七十多岁了，想要孤身一人原路返回，不仅要翻山越岭还要携带大量经书，几乎是不可能完成的任务。于是他改变路线，南下到狮子国（今斯里兰卡）坐船走海路，经过南海到达广州，再北上返回故土。不难想象，在航海技术还不发达的古代，法显又会遇到怎样的惊险。在经历了长达数月的海上漂流之后，他终于踏上故土，成为真正到达天竺并携经归来的第一人。回到中原之后，他就开始了紧张的佛经翻译工作，在有限的时间里，翻译出经典六部六十三卷，计一万多言，其中的《摩诃僧祇律》成为佛家的五大戒律之一，对中国佛教的发展产生了深远的影响。此外，他还把自己的经历写成一部书，取名《佛国记》，介绍了沿途经过的二十多个国家的风土人情和地形地貌，为后世了解当时的西域以及天竺等地的发展情况提供了重要参考。

两百多年后的唐朝，又有一位伟大的僧人同样踏上这条艰苦的西天取经之路，这个人就是玄奘。提起玄奘，人们总会想起《西游记》中那个善良仁慈但手无缚鸡之力的唐僧，似乎如果没有孙悟空和猪八戒等人帮助，他是无论如何都完不成西天取经的任务的。但事实上，《西游记》只是明代小说家吴承恩撰写的古典神话小说，里面的孙悟空、猪八戒等都是作者虚构出来的，只有玄奘才是真实存在的。而真实的玄奘远比《西游记》中的唐僧更加勇敢强大。

玄奘俗名陈祎（yī），出身洛阳名门世家，但是幼年不幸，父母早亡，后来随哥哥进了净土寺学习佛经。他在佛学上非常有天分，同时也非常勤奋，年纪轻轻便取得了很高的成就，被世人誉为"佛门千里驹"。但是他通过进一步的学习发现，由于原始佛经典籍的不足以及翻译、传抄上的讹误，佛教在中国的传播过程中出现了许多分歧，尤其是南方摄论与北方地论关于法相的争论很大。于是他决定追本溯源，到天竺取得更多原始梵文佛经以改变当时中国佛教现状。当时唐朝与突厥之间关系紧张，政府禁止出境，玄奘无法取得出关文牒，于是他只得夹在一群逃难者之间私混出关。玄奘面临的不只是豺狼虎豹与自然环境的威胁，还有偷渡的风险。但是比较幸运的是，他沿途遇到许多信佛的官员，在他们的帮助下，他有惊无险地通过凉州、玉门关以及五峰，走出了唐朝政府控制的区域。出了五峰就是一望无际的沙漠，黄沙滚滚，死寂一片，在这里他险些命丧黄泉。他也曾想过放弃，但是为了心中的信仰，最终还是选择了坚持，终于到达西域。在接下来的行程中，他遭到过扣留，遭遇过强盗，甚至遇到过谋杀，但还是凭借顽强的毅力和虔诚的信仰化险为夷。经过重重跋涉，他终于到达天竺，来到了世界佛教的学术中心——那烂陀寺。在这里，他拜学问高深的戒贤法师为师，潜心学习五年，不仅佛法水平大有提高，还学会了梵语。随后他又游历天竺各地，广增见闻，成为通晓三藏的十大高僧之一。崇信佛教的戒日王专门为玄奘举行了全天竺宗教学术辩论会。在这场历时17天，参与人数高达数千人的辩论会上，竟然没有一个人能辩倒玄奘。玄奘也因此名震印度，被尊称为"大师"。公元643年，为了使佛教在中原地区发扬光大，玄奘拒绝了戒日王以及众僧的挽留，选择启程回国。玄奘归国后，不仅受到民众的热情欢迎，还受到唐太宗的亲自接见。在唐太宗的支持下，他借助皇家力量，组织大规模的翻译佛经活动，共翻译经书1335卷，同时还创立了法相宗这一新的佛教派别，极大推动了唐朝佛教的发展。此外他还应唐太宗请求，根据自己的见闻编写了一部《大唐西域记》，详细介绍西域、天竺等地的风土民情、历史、地理等情况。法显和玄奘的西域之行都为中西方文化交流作出了重要贡献。

陆上丝绸之路的衰落

古代丝绸之路的发展,是以陆上丝绸之路与海上丝绸之路的兴替为线索的,以公元755—763年的"安史之乱"为分水岭。唐中期以后,由于唐帝国逐渐衰落,藩镇割据、牛李党争、宦官专权,唐帝国对西域及陆上丝绸之路的控制大大减弱。自汉代以来兴起的陆上丝绸之路逐渐衰败,西北陆路长期受阻。而经济重心南移的完成,也使中国社会的经济呈现出南方超过北方,东方超过西方的特点。与此同时,海上丝绸之路逐渐受到重视，并在宋、元时代以及明代前期始终保持兴盛。尽管蒙古帝国建立后，从中原一直向西延伸到中亚、西亚乃至欧洲的陆上通道一度复兴，但随着蒙古帝国的瓦解又陷于没落。明永乐朝后，中国在西北方向采取守势，退入嘉峪关自保，陆上丝绸之路彻底衰落。

一、河西走廊最后的辉煌

汉代大将霍去病经过三次战争，终于收复的战略要地河西走廊，在唐朝时迎来了它最后也是最为辉煌的时期。公元639年，地处大唐边境西北，新疆吐鲁番东南的一个小国高昌国在西突厥的支持下，想利用自己地处河西走廊西部端口的地理位置优势，断绝西域和大唐的贸易往来。当时高昌的国王叫麴（qū）文泰，扣留了从西域前往大唐的商人使团，于是唐太宗李世民就征召麴文泰前去见他，可麴文泰一心要和大唐决裂，坚决不肯前去觐见。李世民盛怒之下，派大将军侯君集带兵前去征讨。侯君集马到成功，一举攻破了高昌城。攻破高昌之后，唐朝在西北设立安西大都护府，进一步加强了对西北边疆的管理，河西走廊地区也因此重新繁荣起来。

在侯君集带着战俘和战利品班师回朝的时候，一批当初随军而来，本来在军队中担任后勤工作的应召画师、工匠被河西走廊一个叫敦煌的小城所吸引。敦煌本是汉武帝时期河西战役之后，在河西走廊设置的四个郡之一。汉武帝取"盛大辉煌"之意，所以给这里取名为敦煌。来自长安城的工匠、画师发现，这里虽然地处西北边陲，却十分热闹富饶。而最为吸引他们的，是鸣沙山上成百上千个开凿在石窟里的佛像、壁画。由于地理原因，这里还保留着从天竺传来的佛教，几乎人人信仰佛教，家家捐凿石窟。前辈画师用他们灵动的画笔，在洞窟中描绘着心目中的极乐世界。一帧一帧画卷在眼前展开的时候，这些来自长安城的年轻画师们的内心受到了极大的震撼。他们自愿留在这里，在这些昏暗的石窟里留下自己浓墨重彩的一笔。这些年轻画师来自长安，代表着当时最流行、最先进的绘画风格。他们把矿石砸碎，研磨成粉末，用水调和，收集植物榨取汁液，从自然万物中汲取原料和灵感，用手中的画笔将一幅幅色彩华丽、场景宏大、美丽如瑶池仙女的画作绘制在石窟内的墙面上。他们按照自己心目中的样子描画神的形象。这些神灵表情真实，带着亲切的世俗生气，很快被敦煌居民所接受和喜爱，一时间前来邀请画师作画的居民络绎不绝。其中，艺术成就最高的当数我们现在所熟知的莫高窟第220号石窟——翟家窟。翟家窟采用长安的绘画风格，石窟的东、南、北壁分别绘制维摩诘经变、西方净土变和药师经变画。唐代的佛窟壁画改变了魏晋时期以连环故事情节为特征的绘画形式，而将复杂的佛经故事糅合进一幅完整的画作。在这个历史的节点上，这些年轻的画师完成了唐代绘画领域的一次巨变。时至今日，人们依旧惊叹于敦煌壁画的华丽飘逸。这些壁画就像我们中华民族历史长河中的一颗明珠，虽然历经时光与风沙的洗礼，依旧光彩熠熠，明艳动人。

河西走廊作为当时内地通往西域必经的陆上通道，在唐代比较开明的对外政策下，会集了来自中亚、西亚乃至欧洲的商人。他们从自己的国家出发，将本国的特色商品装载在骆驼背上，千里迢迢，长途跋涉，翻越高原雪山，穿过茫茫大漠，最终会集在河西走廊各地的集市上。他们把来自异域的宝石、香料、动物毛皮、特产作物摆在摊位上，热情地向人介绍、兜售，卖得银钱之后，他们又将中国的丝绸、茶叶、瓷器带回西域和欧洲。当时的中国瓷器在欧洲受到贵族们的狂热追捧，他们以拥有中国瓷器作为自己财力和品位的标志。因为中国的瓷器在欧洲太受欢迎，常常供不应求，于是欧洲人开始仿照中国的制瓷工艺，烧制带有青花的瓷器。至今，我们还能在一些欧洲的博物馆中见到当时人们仿制的中国瓷器。

河西走廊不仅给去往西域的商品提供了便利，同样也有很多外国产品进入了中国市场。

这些来自中亚、西亚、欧洲等地的商人们还带来了很多当时中原从没有过的东西，比如流光溢彩的玻璃制品，带着浓厚西域风格的容器，还有我们现在经常吃到的胡萝卜、菠菜、大蒜、石榴、葡萄……这些都是由当时的西域商人带入河西走廊，后来才慢慢在内地广泛流行和食用的。

当时西域和中亚的一些小国多归附于唐朝，这为中原和西域的交往创造了一个和谐稳定的环境。与前代略有不同的是，此时来往河西走廊的外国人中，除了进行贸易的商人之外，还多了一些被派遣到中国学习的遣唐使，以及远道而来进行传教的传教士。大唐以博大的胸襟接纳了这些客人们，让他们在中国学习文化经典及先进的科学技术，学成之后返回自己的国家再次进行传播，帮助自己的国家发展。大唐的风骨几乎影响了当时整个世界。同时，这些来自异域的人们也给大唐带来了耳目一新的体验：异域风情的女子身穿色彩绚丽的舞裙，脚踩圆形的小胡毯，伴随着音乐蹁跹（pián xiān）而舞，女子腰肢柔软，裙裾飞扬，这就是当时中原地区广为流行的"胡旋舞"。时至今日，胡旋舞早已失传，但我们仍旧可以从历史典籍里，从经年流传的画作里寻找到当时女子的身影，他们给尘封千年的历史增添了一抹亮丽的色彩。

唐代有一个叫张说的诗人曾写过一首描绘长安城正月十五元宵灯会华丽场景的诗："帝宫三五戏春台，行雨流风莫妒来。西域灯轮千影合，东华金阙（què）万重开。"这首诗描写了元宵节时长安灯市繁华的景象，诗中有来自西域的灯轮，有来自中原王朝的花灯、戏台，身着不同民族服饰的人们穿梭其间，用不同的语言赞叹着这场绚烂的灯会，这是大唐王朝，也是西北那条长廊极致辉煌的时刻。后来，公元755年，"安史之乱"爆发，唐帝国由盛转衰，青藏高原上的吐蕃崛起。此后的七十多年里，河西走廊被控制在吐蕃人手中。经过唐末以及五代十国的频繁战乱，河西走廊在战火中逐渐衰落，再也不复当年的繁华了。

二、马可·波罗的美丽游记

威尼斯是意大利东北部著名的"水城"，因水而生，因水而美，因水而兴。除了蜿蜒的水巷，欢动的水波，还拥有众多港湾和绵长的海岸线，是一个商贸繁荣的城市。1254年，马可·波罗出生于威尼斯一个商人家庭。自然、社会环境及家庭背景培养了马可·波罗的好奇心和冒险精神，他渴望认识、探索外面的世界，对神秘的东方无限向往。1260年，作为商人的父亲尼科洛、叔叔马飞阿前往东方，被东方的商机和异于西方世界的文化所吸引。1271年，父亲、叔叔决定再次踏上东行之旅，争取发现东方梦幻世界更多有趣的见闻，寻求更大商机。这一年，年仅17岁的马可·波罗怀着了解东方和对中国景仰的心情，毅然决定跟随父亲、叔叔踏上东行的冒险之旅，开启人生的新征程。

他们由威尼斯启程，过威尼斯湾，沿亚得里亚海到达地中海东岸小亚细亚半岛的阿迦城。经由亚美尼亚时，战火正炽，因此绕道边境折向南行。沿着两河流域的美索不达米亚平原到达古城巴格达，再由此沿波斯湾南下，到达当时商业繁盛的霍尔木兹海峡。他们在霍尔木兹海峡等了好久，却迟迟没有等到前往中国的船只。无奈之下,他们只能选择较为艰辛的陆路前往中国。他们从霍尔木兹海峡向北进入陆地,穿越人烟稀少的伊朗高原,继而向东。高原山地海拔高、空气稀薄。到达阿富汗的东北端时,马可·波罗身体出现不适,经过一段时间的休养后继续前行。他们即将进入的地区是中国最西端的帕米尔高原,群山起伏,连绵逶迤(wēi yí),雪峰群立,耸入云天。马可·波罗凭借顽强的毅力,克服重重困难,翻越帕米尔高原,进入中国境内,沿着丝绸之路继续前行。他们历经疏勒、莎车、叶尔羌、和阗(今新疆和田)等地。塔克拉玛干沙漠时而是平静的美丽,时而是肆虐的咆哮和狂放。沙漠里的绿洲让他们看到生存的希望,拥有了前进的动力,骑马、骑骆驼、步行交替行进,继续穿越河西走廊的沙州(今甘肃敦煌)、肃州(今甘肃酒泉)、甘州(今甘肃张掖),进入蒙古草原。沿着黄河几字形前行,一望无际的草原,成群的牛羊,让马可·波罗等人感到心旷神怡,他们因即将到达目的地而备感兴奋。整个行程历时三年多,于1275年夏抵达元上都(今内蒙古多伦)。

同年,马可·波罗到达元大都(今北京),元朝皇帝忽必烈认为他是一位优秀的青年才俊,很器重他。马可·波罗也没有辜负大家对他的期望,他认真学习蒙古语、汉语等多种语言,了解各地风俗,为以后游览、访问、任职奠定坚实基础。从1275年到1292年的17年间,他在元朝担任职务并访问多个地区,为元朝的发展贡献自己的智慧。他首次接受忽必烈委派访问巡视云南,途经山西、陕西、四川等地,逶迤的黄河、蜿蜒的秦岭、奔腾的金沙江都给马可·波罗留下了深刻的印象。马可·波罗第二次游览江浙、福建等地,还在扬州任职三年。"上有天堂,下有苏杭",江南地区的小桥流水、鱼米之乡,繁荣的商业贸易让马可·波罗流连忘返。对中国的访问让马可·波罗大开眼界,接下来到其他国家的游览更是让他受益匪浅。他还出使过亚洲其他国家,如日本、印度、菲律宾等,对亚洲各国有了更深入的了解。

蒙古公主阔阔真要远嫁波斯,离开祖国17年之久的马可·波罗等人决定护送公主出嫁,并顺道返回意大利。1292年夏,马可·波罗等人选择海路,从福建泉州出发,沿海岸线南行,经过东南亚地区,穿越苏门答腊岛、马来半岛间的马六甲海峡,继而西行,到达斯里兰卡后再沿着印度半岛西海岸北上,到达霍尔木兹海峡后转陆路前行。平静的海面像一位温柔的女子,愤怒的大海像一头猛兽,号叫、狂躁,狂风暴雨掀起滔天巨浪,船上随行的人不断减少,马可·波罗等人凭借顽强的毅力继续前进。在护送公主抵达波斯后,马可·波罗一行人继续西进,从君士坦丁堡乘船,于1295年返回阔别24年的家乡威尼斯。马可·波罗此次东行,不但对东方更为了解,而且带回许多东方的特产和珠宝。周围人看得目瞪口呆,心生羡慕和崇拜。大家赠给马可·波罗一个绰号:"百万马可"。

后来,马可·波罗在威尼斯和热那亚的海战中被俘,在狱中认识了比萨作家鲁斯蒂谦。闲暇时,马可·波罗口述,难友鲁斯蒂谦笔录完成了《马可·波罗游记》。这是欧洲人撰写的第一部详尽描绘中国历史、文化和艺术的游记。《马可·波罗游记》共分四卷:第一卷记述马可·波罗等人从威尼斯到元上都沿途所经之地的见闻。第二卷记述元朝国内情况，包括忽必烈大汗和他的宫廷及马可·波罗游历各地的见闻。第三卷记述其他国家，如日本、越南、东印度、南印度、印度洋沿岸及诸岛屿等，使欧洲人首次了解亚洲多个国家情况。第四卷记述鞑靼王（蒙古各王）之间的战争和北方各国的情况。元朝时期的中国对世界影响较大，马可·波罗在中国生活时间最长并游览多个地区，因此全书的重点是对中国情况的叙述。华丽的宫殿、繁荣的商业、无尽的财富、完备的交通体系是《马可·波罗游记》记述的重点，也是相比欧洲更令马可·波罗羡慕、景仰之处。

《马可·波罗游记》向西方人展现了富饶、辽阔的东方，美丽的自然风光、富丽堂皇的城市建筑、繁荣的商业贸易、充足的黄金香料，引发西方人对东方世界的无限向往。《马可·波罗游记》也为15世纪的航海事业作出过重大贡献。航海家受到游记的鼓舞，激发了前往东方冒险的斗志。中世纪时期的欧洲商业贸易主要集中在地中海地区，受到阿拉伯人的控制。欧洲人为了低价获得东方商品以赢得更大利润，西班牙、葡萄牙等国的航海家沿大西洋开辟新航路，成为地理大发现的开端。从此，世界进入了一个新的时期。马可·波罗是东西方交流的见证者，《马可·波罗游记》是东方文明的传承者，是人类世界永远的瑰宝。

丝绸之路的伟大回归

一、"一带一路"知多少

了解千年的丝绸之路历史,我们可以发现,古丝绸之路是人类发展历史上光辉灿烂的一页,体现了东方和西方之间政治、文化、经济等方面的交往,在历史时空中展现了一幅美好的画卷。古丝绸之路是中华文明与亚欧非文明交往的有力佐证,体现了中华文明的辉煌与兴盛,展示了中华民族的勤劳和智慧,将伟大的中国技术发明通过丝绸之路向西方传播。

中华各民族自古以来相互依存、相互交流，共同发展，"丝绸之路"以其独有的地域优势和历史功能，自始至终是各民族频繁交流的地区。各民族都有自己的文化，其中作为语言交流工具的文字在丝绸之路上也进行了深刻的交流，这些留存至今的文字文献成为我国重要的文化遗产。隋唐时期，各民族、各地区的商人、使者、僧人、艺人通过丝绸之路云集于唐都长安，胡服、西域胡乐及舞蹈在长安城内极为盛行。同时，宗教也通过丝绸之路相互交流，实现了本土化。此外，通过丝绸之路，不少民族血统上互相渗透、交融，形成今天"丝绸之路"上的各民族。丝绸之路像一根纽带，联结着内地汉族人民与边疆少数民族人民，形成一个你中有我，我中有你而又各具特色多元融合的统一体，丝绸之路促进民族交融的同时，将会进一步成为东西方各民族交流交往的桥梁。

回顾丝绸之路的历史,古丝绸之路开辟之初,就有大量善于经商的西方人往返于中原和西域。大量的基督徒、穆斯林也通过行商坐贾的形式来到中国定居。汉唐丝绸之路的繁荣,是不同民族、不同文化、不同宗教之间的广泛交流,增加了亚欧大陆人口的流动性。频繁的人口流动带动了外族定居和民族间的通婚,促进了我国的民族融合,丰富了我国的民族多样性,中华民族多元化格局初步形成。同时,民族融合也为古丝绸之路贸易的进一步发展提供了血缘纽带,在一定程度上减少了贸易的文化障碍,提高了贸易效率。同时,欧洲商人和传教士成为中国文化西传的重要途径,他们写的信函、文件以及著作等文字材料经古丝绸之路传回欧洲,成为欧洲全面了解中国的重要资料。

西方国家的文体活动，重要的乐器、音乐、舞蹈和服饰纷纷传入中国，与中原文化相结合，对我国古代民族音乐、民族艺术的形成产生巨大的影响。唐代以来，传统文人士大夫的作品开始大量称赞西域文化，一些欧洲和西亚的先进科学技术也逐渐传入中国。而中国的思想结晶则随着造纸术和印刷术的广泛传播，将汉字、儒家典籍、朝廷律令、医学著作等传入西方。儒家思想在西方世界反响极大，一些东南亚、太平洋沿岸国家甚至将其融入统治思想。

陆上丝绸之路与海上丝绸之路是以唐中期"安史之乱"为分水岭的。"安史之乱"后，陆上丝绸之路逐渐荒废，海上丝绸之路逐渐兴盛起来。

遗憾的是，随着"郑和下西洋"及"隆庆开关"的结束，封建统治者在加强君主集权的同时，在对外交往、国际交流上丧失了主动权，变得故步自封、夜郎自大。清朝乾隆年间，英国使者马戛尔尼来华，向乾隆帝展示西方先进技术和火炮，却遭到众多官员的嘲笑和讽刺。

1840年，英国殖民者的坚船利炮敲碎了清朝官员和士大夫的天朝美梦，中国近代历史上第一个不平等条约《南京条约》随后签订，中国社会开始沦为半殖民地半封建社会。中国引以为傲的丝绸在工业革命的产物珍妮纺纱机等先进生产工具生产的织物对比下，在市场中丧失了优势地位。中国人在屈辱的近代史中，越来越怀念古丝绸之路所展示出的伟大与辉煌。著名思想家、维新变法运动的先驱梁启超曾说，"郑和之后，再无郑和"。这既是对古丝绸之路繁荣的追忆，也是对清王朝丧权卖国的无奈。

"五四运动"后，共产主义思想深入中国，

伟大的中国共产党诞生。中国共产党带领全国人民进行了轰轰烈烈的新民主主义革命，成为中华民族近代历史复兴的起点。中国人民自力更生、艰苦奋斗，不仅为实现民主、富强、文明的社会主义现代化强国而奋斗，更为实现中华民族的伟大历史复兴而奋斗。以研究和探究古丝绸之路为契机，以"和平合作、开放包容、互学互鉴、互利共赢"为核心，中华民族开始在新的征程中书写壮丽篇章！尤其是改革开放以来，中国一直致力于亚欧大陆及周边海洋的交通联系，加强和亚欧古丝绸之路沿线各国的伙伴关系，倡导实现多元、自主、平衡和可持续的发展，希望通过与别国战略对接，发掘市场潜力，通过促进消费和投资增加各国的经济、文化交流。

2013年9月，习近平主席在哈萨克斯坦纳扎尔巴耶夫大学演讲时提出，要用创新的合作模式，共同建设地跨欧亚的"丝绸之路经济带"，从加强政策沟通、道路联通、贸易畅通、货币流通、民心相通入手，形成跨区域大合作格局，加深同邻国间的经贸往来。在随后访问乌兹别克斯坦时，习近平主席指着一幅古丝绸之路的地图对陪同的时任乌兹别克斯坦总统卡里莫夫说："那里是西安，西安是丝绸之路的起点，也是我的故乡。"一个月后，习近平主席在印度尼西亚国会演讲时又明确提出，中国致力于加强同东盟国家的互联互通建设，愿同东盟国家发展海洋合作伙伴关系，共同建设"21世纪海上丝绸之路"。习近平主席的这两次讲话，标志着"一带一路"倡议的提出。

2017年5月14日，习近平主席在首届"一带一路"国际合作高峰论坛开幕式演讲中指出：

"公元前140多年的中国汉代，一支从长安出发的和平使团，开始打通东方通往西方的道路，完成了'凿空之旅'，这就是著名的张骞出使西域。中国唐宋元时期，陆上和海上丝绸之路同步发展，中国、意大利、摩洛哥的旅行家杜环、马可·波罗、伊本·白图泰都在陆上和海上丝绸之路留下了历史印记。15世纪初的明代，中国著名航海家郑和七次远洋航海，留下千古佳话。这些开拓事业之所以名垂青史，是因为使用的不是战马和长矛，而是驼队和善意；依靠的不是坚船和利炮，而是宝船和友谊。一代又一代'丝路人'架起了东西方合作的纽带、和平的桥梁。"

截至2018年7月，全球一百多个国家和国际组织已经同中国签署协议，愿意加入"一带一路"的全球大家庭中，自欧亚大陆，穿越撒哈拉大沙漠，经过中北美的加勒比海，绵延到南太平洋等地。

今天，"一带一路"已经成为中国与外界联系的交通路线的代名词。不过，"一带一路"并不是历史上丝绸之路的再现或重建，而是前无古人的一项创举。从西昌卫星发射中心腾空的巴基斯坦卫星，中国援建塞尔维亚的钢铁厂，坦桑尼亚驰骋的中国造火车，埃塞俄比亚热情工作的中国医疗队，巴拿马运河上飘扬着五星红旗的中国船舶等，驼铃和桅杆已不再是这个时代的主旋律，而璀璨悠久的中华文明，坚强、担当、合作、共赢的价值输出，在千年丝绸之路的基础上，携手其他国家和人民，在实现人类命运共同体的道路上扬帆远航！

二、坐着火车去欧洲

交通工具与运输方式的发明与创新,是人类古代社会的伟大进步。远古时期交通工具和运输方式的落后,极大限制了文明社会的发展。随着社会生产力的发展,古人逐渐形成了两种传统运输方式:陆运和水运。陆运在传统交通方式中承担了重要角色。在陆上丝绸之路上,我们了解到东西方的商人、商队,大多靠着骡马、骆驼、大车,穿越塔克拉玛干沙漠,走过戈壁滩和河西走廊,将货物贩运给需要的人。不仅是商品交易如此,文化交流也受到了交通运输方式的限制。东汉永平年间(公元58—75年),汉明帝刘庄派使者西行求法,见到了佛陀的弟子摄摩腾和竺法兰,大名鼎鼎的《佛说四十二章经》被两位僧人放在白马上，万里迢迢地送到东汉的国都洛阳，才有了白马寺。前文中我们提到的贞观年间的高僧玄奘，更是在通往西域的道路上历经千辛万苦。

水运也是古代交通重要的组成部分。人们利用大自然形成的江河湖海，通过舟船将粮食、货物进行贩运，其中最难以征服的就是变幻莫测的大海。汉代以来，海上丝绸之路的勇士们乘风破浪，成为东西方交流的又一支重要力量。尤其是唐代以来，我国革新了航海技术，利用司南和海洋知识，将经济贸易和文化交流推广到了大洋彼岸。唐代的鉴真和尚就是乘船到的日本；日本的留学生阿倍仲麻吕（晁衡），也是乘着小船到的长安城，并同李白结为了好友。宋代以来发达的海运贸易，为明代辉煌的郑和下西洋和隆庆开关奠定了基础。明朝永乐年间，三宝太监郑和下西洋，拥有当时世界上最庞大的舰队，被英国学者誉为世界上最伟大的海军之一。

但传统的陆运和海运，还是无法满足市场的需要。唐代诗人杜牧诗云："一骑红尘妃子笑，无人知是荔枝来。"唐玄宗之所以动用庞大的人力、物力，在从岭南到长安的官道上疾驰，就是怕岭南的荔枝在长途贩运中无法保鲜。宋代出使西洋的商船，有很多因风暴沉没在太平洋和印度洋中。即使到了驿站发达的清代，从京师（今北京）到边远地区，最快也要15天才能到达。因此交通方式和交通工具也是决定社会发展和文明程度的重要标志。

工业革命的风暴席卷了整个近代世界，蒸汽机成为改变世界的巨大力量。1804年，英国矿山工程师特里维西克利用瓦特的蒸汽机制造出世界上第一台蒸汽机车,其速度只有5公里/时。1817年,英国工程师斯蒂芬孙主持修建从利物浦到曼彻斯特的铁路线,完全使用蒸汽机作为动力,制造出使用木头和煤炭作为内燃动力的机车,因此被称为"火车"。火车的发明,大大加快了文明的进程,对世界产生了巨大影响。1865年,英国商人曾在北京城外修建了一条0.5公里的铁轨,并在上面试运行火车。由于火车发出巨大的轰鸣声吓坏了当地官员和百姓,慈禧太后下令将其拆除。1876年,上海出现了中国境内由外国商人修建的第一条铁路——吴淞铁路。1881年,唐胥铁路(唐山—胥各庄)成为中国自己制造的第一条铁路。中华人民共和国成立后,铁路迎来了崭新而高速的发展。中国共产党带领全国人民自力更生、艰苦奋斗,取得了可喜的成绩。尤其是改革开放以来，中国铁路和列车技术飞速发展。截至2022年，我国营运铁路15.5万公里，居世界第二；其中高速铁路4.2万公里，居世界第一。这其中有一列特别的列车驰骋在丝绸之路的广袤大地上，这就是中欧班列。

中欧班列是指按照固定车次和线路运行于中国与欧洲及"一带一路"沿线国家的国际铁路班列，以货运集装箱为主。中欧班列共分为三个大的方向：西部通道从我国中部城市出发，经西北至阿拉山口或霍尔果斯出境；中部通道则由我国华北城市向北经内蒙古二连浩特出境；东部通道则由我国东南沿海城市出发，经我国东北至满洲里、绥芬河一带出境。2011年3月，第一列中欧班列从重庆开往德国杜伊斯堡，为渝—新—欧国际铁路。随后，郑州、成都、武汉、广州、苏州等城市也相继开通前往欧洲的班列。最长的一条中欧班列是2014年11月18日首发，从中国浙江义乌到西班牙马德里，全程共13052公里。2016年9月8日，从青海西宁首发至比利时安特卫普的中欧班列，运输藏毯、枸杞等青海特色产品。截至2023年6月，中欧班列累计开行突破7.3万列，国内开行城市超100个，覆盖欧洲25个国家216个城市。

中欧班列是"一带一路"的重要组成部分，是新的运输方式和交通工具驰骋在欧亚大陆上的伟大创举。细微的驼铃声渐渐走远，巨大的轰鸣声接踵而至，由钢铁列车组成的"超级驼队"载着"made in China"商标的货物，将中国人民的汗水、欢笑和友谊，源源不断地送往"一带一路"沿线各国。而搭运在中欧班列上的各种货物，也由最早的小商品和电子产品，逐渐到纺织品、汽车配件、家具和民俗工艺品等。这些"钢铁驼队"驰骋在"一带一路"沿线各国，进一步增强了这些国家打造利益共同体、责任共同体和命运共同体的意识，有力促进了沿线国家的经济社会发展。

在不远的将来，随着中欧班列的进一步发展，随着"一带一路"体系的不断扩大，中欧客运只是时间问题。自2010年开始，不少中国游客就能从上海、北京、广州等地购买欧洲客运列车的车票，这在十几年前是不敢想象的事情。"一带一路"沿线国家开始对中国居民简化旅游签证，一些国家甚至对中国游客采取落地签制度。在不远的将来，外国游客将沿着这条丝绸之路来到中国参观巍峨的长城，品尝四川的麻辣火锅，欣赏南方的园林建筑；而中国游客将到莫斯科郊外欣赏美丽的斯拉夫音乐，来到埃菲尔铁塔和卢浮宫，到中亚去骑乘"汗血宝马"。中国人将坐着火车看遍欧洲，在"一带一路"的伟大倡议中走得更远！